全国人民代表大会常务委员会公报版

中华人民共和国
国防教育法

(最新修订本)

中国民主法制出版社

图书在版编目（CIP）数据

中华人民共和国国防教育法/全国人大常委会办公厅供稿.—修订本.—北京：中国民主法制出版社，2024.9.—ISBN 978-7-5162-3739-7

Ⅰ.D922.12

中国国家版本馆 CIP 数据核字第 2024JM9719 号

书名/中华人民共和国国防教育法

出版·发行/中国民主法制出版社
地址/北京市丰台区右安门外玉林里 7 号（100069）
电话/（010）63055259（总编室） 63058068 63057714（营销中心）
传真/（010）63055259
http://www.npcpub.com
E-mail:mzfz@npcpub.com
经销/新华书店
开本/32 开 850 毫米×1168 毫米
印张/1 字数/17 千字
版本/2024 年 9 月第 1 版 2024 年 9 月第 1 次印刷
印刷/三河市宏图印务有限公司

书号/ISBN 978-7-5162-3739-7
定价/8.00 元
出版声明/版权所有，侵权必究。

（如有缺页或倒装，本社负责退换）

目　录

中华人民共和国主席令（第三十号）……………（1）

中华人民共和国国防教育法 ……………………（3）

关于《中华人民共和国国防教育法
　（修订草案）》的说明………………………………（15）

全国人民代表大会宪法和法律委员会关于
　《中华人民共和国国防教育法
　（修订草案）》审议结果的报告……………………（22）

全国人民代表大会宪法和法律委员会关于
　《中华人民共和国国防教育法（修订草案
　二次审议稿）》修改意见的报告 …………………（26）

中华人民共和国主席令

第三十号

《中华人民共和国国防教育法》已由中华人民共和国第十四届全国人民代表大会常务委员会第十一次会议于2024年9月13日修订通过，现予公布，自2024年9月21日起施行。

中华人民共和国主席　习近平

2024年9月13日

中华人民共和国国防教育法

（2001年4月28日第九届全国人民代表大会常务委员会第二十一次会议通过　根据2018年4月27日第十三届全国人民代表大会常务委员会第二次会议《关于修改〈中华人民共和国国境卫生检疫法〉等六部法律的决定》修正　2024年9月13日第十四届全国人民代表大会常务委员会第十一次会议修订）

目　录

第一章　总　　则
第二章　学校国防教育
第三章　社会国防教育
第四章　国防教育保障

第五章　法律责任
第六章　附　则

第一章　总　则

第一条　为了普及和加强国防教育，发扬爱国主义精神，促进国防建设和社会主义精神文明建设，根据宪法和《中华人民共和国国防法》、《中华人民共和国教育法》，制定本法。

第二条　国家在全体公民中开展以爱国主义为核心，以履行国防义务为目的，与国防和军队建设有关的理论、知识、技能以及科技、法律、心理等方面的国防教育。

国防教育是建设和巩固国防的基础，是增强民族凝聚力、提高全民素质的重要途径。

第三条　国防教育坚持以马克思列宁主义、毛泽东思想、邓小平理论、"三个代表"重要思想、科学发展观、习近平新时代中国特色社会主义思想为指导，坚持总体国家安全观，培育和践行社会主义核心价值观，铸牢中华民族共同体意识，使全体公民增强国防观念、强化忧患意识、掌握国防知识、提高国防技能，依法履行国防义务。

第四条　坚持中国共产党对国防教育工作的领导，建立集中统一、分工负责、军地协同的国防教育领导体制。

第五条 中央全民国防教育主管部门负责全国国防教育工作的指导、监督和统筹协调。中央国家机关各部门在各自的职责范围内负责国防教育工作。中央军事委员会机关有关部门按照职责分工，协同中央全民国防教育主管部门开展国防教育。

县级以上地方全民国防教育主管部门负责本行政区域内国防教育工作的指导、监督和统筹协调；其他有关部门在规定的职责范围内开展国防教育工作。驻地军事机关协同地方全民国防教育主管部门开展国防教育。

第六条 国防教育贯彻全民参与、长期坚持、讲求实效的方针，实行经常教育与集中教育相结合、普及教育与重点教育相结合、理论教育与行为教育相结合的原则，针对不同对象确定相应的教育内容分类组织实施。

第七条 中华人民共和国公民都有接受国防教育的权利和义务。

普及和加强国防教育是全社会的共同责任。

一切国家机关和武装力量、各政党和各人民团体、企业事业组织、社会组织和其他组织，都应当组织本地区、本部门、本单位开展国防教育。

第八条 国防动员、兵役、退役军人事务、国防科研生产、边防海防、人民防空、国防交通等工作的主管部门，依照本法和有关法律、法规的规定，开展国防教育。

工会、共产主义青年团、妇女联合会和其他群团组织，应当在各自的工作范围内开展国防教育。

第九条 中国人民解放军、中国人民武装警察部队按照中央军事委员会的有关规定开展国防教育。

第十条 国家支持、鼓励社会组织和个人开展有益于国防教育的活动。

第十一条 对在国防教育工作中做出突出贡献的组织和个人，按照国家有关规定给予表彰、奖励。

第十二条 每年九月的第三个星期六为全民国防教育日。

第二章 学校国防教育

第十三条 学校国防教育是全民国防教育的基础，是实施素质教育的重要内容。

教育行政部门应当将国防教育列入工作计划，加强对学校国防教育的组织、指导和监督，并对学校国防教育工作定期进行考核。

学校应当将国防教育列入学校的工作和教学计划，采取有效措施，保证国防教育的质量和效果。

第十四条 小学和初级中学应当将国防教育的内容纳入有关课程，将课堂教学与课外活动相结合，使小学生具备一定的国防意识、初中学生掌握初步的国防知识和国防技能。

小学和初级中学可以组织学生开展以国防教育为主题的少年军校活动。教育行政部门、共产主义青年团和其他有关部门应当加强对少年军校活动的指导与管理。

小学和初级中学可以根据需要聘请校外辅导员，协助学校开展多种形式的国防教育活动。

第十五条 高中阶段学校应当在有关课程中安排专门的国防教育内容，将课堂教学与军事训练相结合，使学生掌握基本的国防理论、知识和技能，具备基本的国防观念。

普通高等学校应当设置国防教育课程，加强国防教育相关学科建设，开展形式多样的国防教育活动，使学生掌握必要的国防理论、知识和技能，具备较强的国防观念。

第十六条 学校国防教育应当与兵役宣传教育相结合，增强学生依法服兵役的意识，营造服兵役光荣的良好氛围。

第十七条 普通高等学校、高中阶段学校应当按照规定组织学生军事训练。

普通高等学校、高中阶段学校学生的军事训练，由学校负责军事训练的机构或者军事教员组织实施。

学校组织军事训练活动，应当采取措施，加强安全保障。

驻地军事机关应当协助学校组织学生军事训练。

第十八条 中央全民国防教育主管部门、国务院教育行政部门、中央军事委员会机关有关部门负责全国学生军事训练工作。

县级以上地方人民政府教育行政部门和驻地军事机关应当加强对学生军事训练工作的组织、指导和监督。

第十九条 普通高等学校、高中阶段学校应当按照学生军事训练大纲，加强军事技能训练，磨练学生意志品质，增强组织纪律性，提高军事训练水平。

学生军事训练大纲由国务院教育行政部门、中央军事委员会机关有关部门共同制定。

第三章　社会国防教育

第二十条 国家机关应当根据各自的工作性质和特点，采取多种形式对工作人员进行国防教育。

国家机关工作人员应当具备较高的国防素养，发挥在全民国防教育中的模范带头作用。从事国防建设事业的国家机关工作人员，应当学习和掌握履行职责所必需的国防理论、知识和技能等。

各地区、各部门的领导人员应当依法履行组织、领导本地区、本部门开展国防教育的职责。

第二十一条 负责培训国家工作人员的各类教育机构，应当将国防教育纳入培训计划，设置适当的国防教育课程。

国家根据需要选送地方和部门的负责人到有关军事

院校接受培训，学习和掌握履行领导职责所必需的国防理论、知识和技能等。

第二十二条 企业事业组织应当将国防教育列入职工教育计划，结合政治教育、业务培训、文化体育等活动，对职工进行国防教育。

承担国防科研生产、国防设施建设、国防交通保障等任务的企业事业组织，应当根据所担负的任务，制定相应的国防教育计划，有针对性地对职工进行国防教育。

社会组织应当根据各自的活动特点开展国防教育。

第二十三条 省军区（卫戍区、警备区）、军分区（警备区）和县、自治县、不设区的市、市辖区的人民武装部按照国家和军队的有关规定，结合政治教育和组织整顿、军事训练、执行勤务、征兵工作以及重大节日、纪念日活动，对民兵进行国防教育。

民兵国防教育，应当以基干民兵和担任领导职务的民兵为重点，建立和完善制度，保证受教育的人员、教育时间和教育内容的落实。

预备役人员所在单位应当按照有关规定开展预备役人员教育训练。

第二十四条 居民委员会、村民委员会应当将国防教育纳入社会主义精神文明建设的内容，结合征兵工作、拥军优属以及重大节日、纪念日活动，对居民、村民进行国防教育。

居民委员会、村民委员会可以聘请退役军人协助开展国防教育。

第二十五条 文化和旅游、新闻出版、广播电视、电影、网信等部门和单位应当根据形势和任务的要求,创新宣传报道方式,通过发挥红色资源教育功能、推出优秀文艺作品、宣传发布先进典型、运用新平台新技术新产品等形式和途径开展国防教育。

中央和省、自治区、直辖市以及设区的市的广播电台、电视台、报刊、新闻网站等媒体应当开设国防教育节目或者栏目,普及国防知识。

第二十六条 各地区、各部门应当利用重大节日、纪念日和重大主题活动等,广泛开展群众性国防教育活动;在全民国防教育日集中开展主题鲜明、形式多样的国防教育活动。

第二十七条 英雄烈士纪念设施、革命旧址和其他具有国防教育功能的博物馆、纪念馆、科技馆、文化馆、青少年宫等场所,应当为公民接受国防教育提供便利,对有组织的国防教育活动实行免费或者优惠。

国防教育基地应当对军队人员、退役军人和学生免费开放,在全民国防教育日向社会免费开放。

第四章 国防教育保障

第二十八条 县级以上人民政府应当将国防教育纳

入国民经济和社会发展规划以及年度计划，将国防教育经费纳入预算。

国家机关、事业组织、群团组织开展国防教育所需经费，在本单位预算经费内列支。

企业开展国防教育所需经费，在本单位职工教育经费中列支。

学校组织学生军事训练所需经费，按照国家有关规定执行。

第二十九条 国家鼓励企业事业组织、社会组织和个人捐赠财产，资助国防教育的开展。

企业事业组织、社会组织和个人资助国防教育的财产，由国防教育领域相关组织依法管理。

国家鼓励企业事业组织、社会组织和个人提供或者捐赠所收藏的具有国防教育意义的实物用于国防教育。使用单位对提供使用的实物应当妥善保管，使用完毕，及时归还。

第三十条 国防教育经费和企业事业组织、社会组织、个人资助国防教育的财产，必须用于国防教育事业，任何单位或者个人不得侵占、挪用、克扣。

第三十一条 具备下列条件的场所，可以由设区的市级以上全民国防教育主管部门会同同级军事机关命名为国防教育基地：

（一）有明确的国防教育主题内容；

（二）有健全的管理机构和规章制度；

（三）有相应的国防教育设施；

（四）有必要的经费保障；

（五）有显著的社会教育效果。

国防教育基地应当加强建设，不断完善，充分发挥国防教育功能。

各级全民国防教育主管部门会同有关部门加强对国防教育基地的规划、建设和管理，并为其发挥作用提供必要的保障。

被命名的国防教育基地不再具备本条第一款规定条件的，由命名机关撤销命名。

第三十二条 各级人民政府应当加强对具有国防教育意义的文物的调查、登记和保护工作。

第三十三条 全民国防教育使用统一的国防教育大纲。国防教育大纲由中央全民国防教育主管部门组织制定。

适用于不同类别、不同地区教育对象的国防教育教材，应当依据国防教育大纲由有关部门或者地方结合本部门、本地区的特点组织编写、审核。

第三十四条 各级全民国防教育主管部门应当组织、协调有关部门做好国防教育教员的选拔、培训和管理工作，加强国防教育师资队伍建设。

国防教育教员应当从热爱国防教育事业、具有扎实的国防理论、知识和必要的军事技能的人员中选拔，同等条件下优先招录、招聘退役军人。

第三十五条　中国人民解放军、中国人民武装警察部队应当根据需要，按照有关规定为有组织的国防教育活动选派军事教员，提供必要的军事训练场地、设施、器材和其他便利条件。

经批准的军营应当按照军队有关规定向社会开放。

第五章　法律责任

第三十六条　国家机关、人民团体、企业事业组织以及社会组织和其他组织违反本法规定，拒不开展国防教育活动的，由有关部门或者上级机关给予批评教育，并责令限期改正；拒不改正，造成恶劣影响的，对负有责任的领导人员和直接责任人员依法给予处分。

第三十七条　违反本法规定，侵占、挪用、克扣国防教育经费或者企业事业组织、社会组织、个人资助的国防教育财产的，由有关主管部门责令限期归还；对负有责任的领导人员和直接责任人员依法给予处分。不适用处分的人员，由有关主管部门依法予以处理。

第三十八条　侵占、破坏国防教育基地设施，损毁展品、器材的，由有关主管部门给予批评教育，并责令限期改正；有关责任人应当依法承担相应的民事责任；构成违反治安管理行为的，依法给予治安管理处罚。

第三十九条　寻衅滋事，扰乱国防教育工作和活动秩序的，或者盗用国防教育名义骗取钱财的，由有关主管部门给予批评教育，并予以制止；造成人身、财产或者其他损害的，应当依法承担相应的民事责任；构成违反治安管理行为的，依法给予治安管理处罚。

第四十条　负责国防教育的公职人员滥用职权、玩忽职守、徇私舞弊的，依法给予处分。

第四十一条　违反本法规定，构成犯罪的，依法追究刑事责任。

第六章　附　　则

第四十二条　本法自2024年9月21日起施行。

关于《中华人民共和国国防教育法（修订草案）》的说明

——2024年4月23日在第十四届全国人民代表大会常务委员会第九次会议上

全国人大常委会法制工作委员会主任　沈春耀

委员长、各位副委员长、秘书长、各位委员：

我受委员长会议的委托，作关于《中华人民共和国国防教育法（修订草案）》的说明。

一、修法的必要性

全民国防教育是建设巩固国防和强大人民军队的基础性工程，是弘扬爱国主义精神、增强全民国防意识的有效途径。2001年，九届全国人大常委会第二十一次会议通过了《中华人民共和国国防教育法》（以下简称国防教育法），为推动全民国防教育普及深入开展提供了坚强的法律保障，提高了国防教育工作法治化、规范化、科学化水平。进入新时代，国际国内环境发生许多新变化，对全民国防教育提出新的更高要求，需要对国防教育法及时进行修改完善。

（一）贯彻落实习近平总书记关于加强全民国防教育重要论述和党中央决策部署的需要。党的十八大以来，以习近平同志为核心的党中央高度重视全民国防教育工作，作出一系列重要决策部署。习近平总书记强调，要加强国防教育，增强全民国防观念，使关心国防、热爱国防、建设国防、保卫国防成为全社会的思想共识和自觉行动；加强全民国防教育，巩固军政军民团结，为实现中国梦强军梦凝聚强大力量。修改国防教育法，把习近平总书记关于加强全民国防教育重要论述和党中央决策部署用法律形式固化下来，对于坚持国防教育工作的正确方向，推进国防教育向全民普及，夯实建设强大巩固国防和世界一流军队的基础，具有十分重要的意义。

（二）应对国家安全复杂形势和增强全民国防观念的需要。当前，世界百年未有之大变局加速演进，我国面临复杂多变的安全和发展环境，各种可以预见和难以预见的风险因素明显增多，传统安全威胁和非传统安全威胁相互交织。我国宪法明确规定，保卫祖国、抵抗侵略是中华人民共和国每一个公民的神圣职责；同时还规定，国家在人民中进行爱国主义教育。贯彻落实宪法规定,维护国家主权、安全、发展利益,需要修改国防教育法,进一步完善学校国防教育体系,拓展社会国防教育范围和渠道,营造关心支持国防和军队建设的良好氛围,增强我国的国防实力和民族凝聚力,使关心国防、热爱国防、建设国防、保卫国防成为全社会的思想共识和自觉行动。

(三)适应新时代全民国防教育体制机制改革的需要。根据党中央决策部署,全民国防教育体制机制改革基本完成,将军队以及地方各级党委、政府担负的国防教育职能统一调整由党中央和地方各级党委负责,具体工作由各级党委宣传部门承担,加强了党对全民国防教育的领导。适应新体制新部署新要求,需要对国防教育法的有关内容进行修改完善,以符合深化改革的工作实际。

(四)破解国防教育工作突出矛盾问题的需要。近年来,军地各级机关认真贯彻党中央决策部署,扎实开展全民国防教育,取得明显成效,但国防教育的覆盖面、时代感和实效性还不强,需要以创新的思维、发展的理念研究破解。修改国防教育法,从国家层面加强顶层筹划设计,对新时代全民国防教育的基本内容、方法手段、相关保障等作进一步强调明确,有利于不断提升国防教育的质量水平。

二、修法的基本原则和工作过程

国防教育法修改始终突出新时代的旗帜引领、突出新体制的现实需要、突出新任务的战略牵引，注重把握国家安全形势的发展变化、把握宣传思想文化工作的时代要求、把握国防教育工作的特点规律，顺应时势，贴近实践，针对问题拿出治本管用的制度措施。

一是把握根本遵循。坚持以习近平新时代中国特色社会主义思想为指导，全面贯彻落实党的二十大精神，深入贯彻习近平强军思想和习近平文化思想，特别是习近平总书记关于坚持总体国家安全观、加强全民国防教育的一系列重要指示精神，为新时代国防教育工作提供科学指南。认真贯彻党中央关于加强和改进新时代全民国防教育工作的决策部署，增强准确性和时代性。二是注重体系设计。着眼构建衔接协调、系统配套的国防教育法律法规制度体系，对国防教育的方针原则、目标任务、基本内容和有关保障等作出规范，既为普及国防教育提供法律依据，也为制定与之配套的政策规定预留空间。三是突出问题导向。把破解制约国防教育工作深入发展的现实矛盾作为着眼点，坚持创新驱动、破立结合，着力研究解决领导体制不顺、工作机构不全、相关保障不力等问题。四是注重实践应用。针对国防教育涉及军地、覆盖全民、需要长期开展的实际，既体现原则要求，又注重具体规范，尽量细化明确相关规定，便于实践应用和操作。

国防教育法修改已列入全国人大常委会 2024 年度立法工作计划。根据党中央决策部署，中央宣传部牵头会同中央军委国防动员部、全国人大常委会法工委等单位扎实推进法律修改工作。一是做好理论准备。认真学习习近平总书记关于国家安全和全民国防教育的一系列重要决策指示，全面梳理党中央、国务院和中央军委有关文件规定，参考研究国外相关立法经验。二是开展专题调研。到12个省（自治区、直辖市）进行调研，了解掌握开展全民国防教育的情况、遇到的矛盾问题和对策建议。三是组织重点论证。针对各级普遍反映的矛盾问题，将有关重大理论课题委托军地有关院校、科研单位和国防教育工作机构研究攻关，多次召开专题座谈会进行研究论证。四是广泛征求意见。起草修订草案初稿后，先后3轮送中央和国家机关有关部门、中央军委机关有关部门、部分人民团体、地方等单位征求意见建议，形成了《中华人民共和国国防教育法（修订草案送审稿）》，2023年12月报请中央宣传思想文化工作领导小组审议，根据审议意见再次修改完善，形成了国防教育法修订草案。根据党中央有关精神，2024年2月，中央宣传部致函全国人大常委会办公厅，建议由委员长会议提请全国人大常委会审议国防教育法修订草案。据此，法制工作委员会将中央宣传部送来的修订草案等文件转化为委员长会议提请常委会审议的议案代拟稿、修订草案及说明。按照立法法的规定，经委员长会议审议，决定将国防教育法修订草案提请本次常委会会议审议。

三、修订草案的主要内容

修订草案共 6 章、39 条，主要修改内容如下：

（一）明确国防教育的内涵定位。在"总则"中对国防教育的内涵作出阐释，明确国防教育是"国家在全体公民中实施的以爱国主义为核心，以履行国防义务为目的，与国防和军队建设有关的理论、知识、技能、心理的教育"。

（二）明确国防教育的指导思想。在"总则"中提出，国防教育"坚持以马克思列宁主义、毛泽东思想、邓小平理论、'三个代表'重要思想、科学发展观、习近平新时代中国特色社会主义思想为指导，坚持总体国家安全观，培育和践行社会主义核心价值观，使全体公民增强国防观念、强化忧患意识、掌握国防知识、提高国防技能、发扬爱国主义精神，依法履行国防义务"。

（三）明确国防教育领导体制和工作职责。在"总则"中明确："坚持中国共产党对国防教育工作的领导，建立集中统一、分工负责、军地协同的国防教育领导体制"。同时，依据全民国防教育工作领导体制机制的优化调整，对现行国防教育法中"国务院领导全国的国防教育工作。中央军事委员会协同国务院开展全民国防教育"的规定作出相应修改，明确"中央全民国防教育主管部门负责全国国防教育工作的指导、监督和统筹协调"，并规定了地方各级全民国防教育主管部门和其他军地有关部门的职责。

（四）完善学校国防教育体系。着眼构建各级各类学校相互衔接的国防教育体系，在现行有关规定基础上，对小学和初级中学、高中阶段学校、普通高等学校的国防教育目标、内容和方法途径等进行补充完善。同时，根据军事政策制度改革总体筹划部署，将原兵役法中学生军事训练内容调整到"学校国防教育"一章中进行规范。

（五）拓展社会国防教育范围和渠道。考虑到各级党政领导干部既是国防教育的组织者、领导者，也是国防教育的重点对象，对国家机关国防教育的内容作了充实完善，明确了国家机关工作人员应当具备的国防素养和能力。同时，对媒体网络和文化传播、群众性国防教育活动、国防教育场所等作出规范。

（六）加强国防教育的保障。对国防教育经费保障、社会捐助、文物保护、军营开放工作等作出规范，特别是对国防教育基地命名、建设和管理，充分发挥其功能作用等作出规定要求。

国防教育法修订草案和以上说明是否妥当，请审议。

全国人民代表大会宪法和法律委员会关于《中华人民共和国国防教育法(修订草案)》审议结果的报告

全国人民代表大会常务委员会：

　　常委会第九次会议对国防教育法修订草案进行了初次审议。会后，法制工作委员会将修订草案印发中央有关部门、省（自治区、直辖市）、基层立法联系点和高等院校、法学研究机构等征求意见，在中国人大网全文公布修订草案，征求社会公众意见。宪法和法律委员会、法制工作委员会召开座谈会，听取全国人大代表和专家学者的意见，并到广东、河南、新疆、黑龙江进行调研，就修订草案有关问题与中央宣传部、中央军委国防动员部等部门进行沟通。宪法和法律委员会于8月16日召开会议，根据常委会组成人员的审议意见和各方面的意见,对修订草案进行了逐条审议。中央宣传部、中央军委国防动员部有关负责同志列席了会议。8月27日,宪法和法律委员会召开会议,再次进行了审议。宪法和法律委员会认为,为贯彻落实党中央关于全民国防教育体制机制改革决策部署,适应新时代全民国防教育新形势新要求,及时对国防教育法进行修订是必要的,修订草案经过审议修改,已经比较成熟。同时,提出以下主要修改意见:

一、修订草案第二章对学校国防教育作出规定。有的常委委员、地方提出,做好学校国防教育是征集高素质兵员的基础,修订草案应当体现学校国防教育对征兵工作的重要作用。宪法和法律委员会经研究,建议增加一条,规定:"学校国防教育应当与兵役宣传教育相结合,增强学生依法服兵役意识,营造服兵役光荣的良好氛围。"

二、修订草案第十六条对学校组织学生军事训练作出规定。有的常委委员、地方、基层立法联系点和社会公众提出,学生军训工作需要军队在教员、场地、设施等方面提供必要协助,修订草案应当对驻地军事机关在组织学生军事训练中的职责予以明确。宪法和法律委员会经研究,建议增加规定"驻地军事机关应当协助学校组织学生军事训练"。

三、有的常委委员、地方和基层立法联系点建议对学生军训的内容作出明确规定。宪法和法律委员会经研究，考虑到学生军训的内容已经在有关军训教学大纲中作了具体规定，建议增加一条，规定："普通高等学校、高中阶段学校应当按照学生军事训练大纲，加强军事技能训练，磨练学生意志品质，增强组织纪律性，提高军事训练水平。""学生军事训练大纲由国务院教育行政部门、中央军事委员会机关有关部门共同制定。"

四、有的常委委员提出，建议与预备役人员法有关规定相衔接，明确对预备役人员进行国防教育。宪法和法律委员会经研究，建议增加一款，规定："预备役人员所在单位应当按照有关规定开展预备役人员教育训练。"

五、有的常委委员、部门和地方提出，应当进一步完善法律责任，增加承担法律责任的情形和责任类型。宪法和法律委员会经研究，建议针对侵占、挪用、克扣"企业事业组织、社会组织、个人资助的国防教育财产"的行为，增加有关法律责任；并就"寻衅滋事，扰乱国防教育工作和活动秩序的，或者盗用国防教育名义骗取钱财的"情形，增加民事责任有关规定。

在常委会审议中，有的常委委员还就增加国防教育内容、丰富国防教育形式、规范国防教育教材编写等提出了一些具体意见。宪法和法律委员会经研究认为，此次修订国防教育法重点是贯彻落实党中央关于国防教育领导体制改革以及加强和改进新时代全民国防教育工作的有关要求，上述意见涉及的问题，有的需要通过修订

《全民国防教育大纲》等配套规定予以落实，有的需要进一步加强宣传教育并在实践中探索完善。建议有关方面认真研究落实，抓紧推进制度建设，做好法律衔接，切实保障法律有效贯彻实施。

此外，还对修订草案作了一些文字修改。

8月23日，法制工作委员会召开会议，邀请有关全国人大代表、专家学者和基层立法联系点、国家国防教育基地的负责同志，就修订草案中主要制度规范的可行性、法律出台时机、法律实施的社会效果和可能出现的问题进行评估。与会人员普遍认为，修订草案适应新时代国防教育工作面临的新形势新要求，进一步加强党对国防教育工作的领导，巩固了国防教育领导体制改革成果，理顺了相关部门的职责，完善了学校国防教育等相关制度。修订草案经过修改，充分吸收了各方面意见，已经比较成熟，建议审议通过。与会人员还对修订草案提出了一些具体修改意见，经研究，对有的意见予以采纳。

修订草案二次审议稿已按上述意见作了修改，宪法和法律委员会建议提请本次常委会会议审议通过。

修订草案二次审议稿和以上报告是否妥当，请审议。

全国人民代表大会宪法和法律委员会
2024年9月10日

全国人民代表大会宪法和法律委员会关于《中华人民共和国国防教育法(修订草案二次审议稿)》修改意见的报告

全国人民代表大会常务委员会:

本次常委会会议于9月10日下午对国防教育法修订草案二次审议稿进行了分组审议。普遍认为,修订草案已经比较成熟,建议进一步修改后,提请本次常委会会议表决通过。同时,有些常委会组成人员和列席人员还提出了一些修改意见和建议。宪法和法律委员会于9月10日晚召开会议,逐条研究了常委会组成人员和列席人员的审议意见,对修订草案进行统一审议。中央宣传部、中央军委国防动员部有关负责同志列席了会议。宪法和法律委员会认为,修订草案是可行的,同时,提出以下修改意见:

修订草案二次审议稿第三十五条对解放军和武警部队选派军事教员作出了规定。有的委员提出,选派军事教员对学校开展国防教育非常关键,建议进一步明确程序要求,增强操作性。宪法和法律委员会经研究,考虑到有关国家机关和军委机关有关部门已制定相关规定,建议明确中国人民解放军、中国人民武装警察部队"按照有关规定"为有组织的国防教育活动选派军事教员。

经与有关部门研究,建议将修订后的国防教育法的施行时间确定为2024年9月21日。

此外,根据常委会组成人员的审议意见,还对修订草案二次审议稿作了一些文字修改。

修订草案修改稿已按上述意见作了修改,宪法和法律委员会建议提请本次常委会会议审议通过。

修订草案修改稿和以上报告是否妥当,请审议。

全国人民代表大会宪法和法律委员会
2024年9月12日